PÉTITION

PRÉSENTÉE

AUX DEUX CHAMBRES,

SUR LA LÉGISLATION DE LA PRESSE,

CONTENANT

Un travail préparatoire pour servir de base à une loi qui laisserait aux Journalistes et aux Ecrivains le libre exercice de la liberté constitutionnelle, en réprimant *légalement* les abus ;

Par ALEXANDRE CREVEL,

Auteur du CRI DES PEUPLES, du CRI DES AUTEURS, etc., etc.

PARIS,

L'HUILLIER, Libraire-Éditeur, rue Serpente, n° 16 ;
DELAUNAY, Libraire au Palais-Royal.

31 JANVIER 1818.

DE L'IMPRIMERIE DE FEUGUERAY,
rue du Cloître Saint-Benoît, n° 4.

PÉTITION

PRÉSENTÉE

AUX DEUX CHAMBRES,

SUR LA LÉGISLATION DE LA PRESSE.

MESSIEURS LES PAIRS,

MESSIEURS LES DÉPUTÉS,

LA liberté de la presse, consacrée par notre Charte, par les constitutions des peuples régis sous le système représentatif, est une des libertés auxquelles une nation éclairée sur ses intérêts attache le plus de prix.

La concession de la liberté de la presse, qui dérive du droit naturel, confère aux citoyens le droit de publier leur pensée. Elle propage les progrès des sciences exactes, économiques et politiques, en étendant le domaine des connaissances humaines, dont le concours offre les moyens de consolider l'édifice social, de perfectionner les institutions des peuples, d'améliorer la morale publique des sociétés civilisées.

L'art de l'imprimerie et l'exercice de cet art tirèrent les nations modernes du chaos de l'ignorance et de la superstition. C'est à la presse que nous sommes redevables de la transmission des découvertes dans les sciences et les arts. Sans elle, les institutions des peuples de l'antiquité n'eussent été pour nous ni des avertissemens ni des modèles. Sans elle, les lois romaines ne serviraient point de base à nos codes, de guide à notre jurisprudence. Sans elle, notre siècle de lumières ne serait encore qu'un siècle de ténèbres ; les ouvrages de nos auteurs célèbres seraient à peine connus de nous.

Si le libre exercice de la presse alimente au sein des familles politiques les sources d'où découlent le bonheur, l'aisance, la paix, la prospérité, l'excès de cette liberté produit des effets contraires, tarit ces sources précieuses qui se changent soudain en un torrent formé par les écarts des imaginations exaltées, par le débordement des passions criminelles, tant il est vrai que le merveilleux, l'espoir d'un bonheur chimérique, exercent sur certains esprits un empire absolu.

Le libre exercice de la presse est donc soumis à des restrictions exigées par l'intérêt des sociétés. Encourager le bien, l'étendre, prévenir le mal, arrêter ses progrès, tel est le devoir des législateurs.

Une loi d'*exception* motivée sur les circonstances dans lesquelles se trouve enveloppée une nation malheureuse, en privant les citoyens de leurs droits les plus chers, fait naître de *nouvelles circonstances* qui semblent autoriser ou servent de prétexte pour exiger la permanence de ces lois dangereuses.

Une loi d'exception créée dans de telles conjonctures se ressent de l'influence que doivent produire ces mêmes circonstances. La désunion des citoyens, la diversité, la divergence des opinions des législateurs appelés pour concourir à la confection de la loi, opinions qui souvent naissent des circonstances, frappent incontestablement les lois du type de l'imperfection.

Toute loi rendue perpétuelle dans un tel

état de choses , apporte avec elle eh naissant une véritable difformité, des vices de conformation et d'organisation. Elle se ressent enfin des *circonstances* dans lesquelles elle naquit ; elle offre le caractère des impressions, des passions différentes qu'éprouvèrent, en lui donnant l'existence, les auteurs de ses jours.

Telle eût été la loi proposée comme perpétuelle, que vient de rejeter le grand corps de la paierie.

L'imparfaite loi rejetée devait être perpétuelle ; la précédente est temporaire.

J'ai appris avec satisfaction le rejet de la nouvelle loi. Je vois avec peine les journalistes et les écrivains sous l'empire de l'arbitraire , pouvoir illégal et monstrueux , qui ne peut régir un peuple libre.

Si la jouissance de la liberté de la presse est d'une indispensable nécessité, jamais elle ne fut plus nécessaire qu'en 1818.

Si la jouissance de la liberté de la presse peut aggraver nos maux, entretenir les divisions, secouer le brandon de la discorde, ébranler le trône, désorganiser un corps social qui commence à se désorganiser, il est indubitable qu'elle peut aussi répandre sur nos plaies un baume efficace, réorganiser le corps social, reconstituer une administration dont la dislocation dégénère en anarchie, prêter un puissant soutien au Gouvernement, jeter un ancre de salut au milieu de la mer orageuse, ramener au port le vaisseau de l'Etat, depuis si long-temps battu par la tempête, porter le pilote et les passagers sur la terre promise que d'épais nuages politiques dérobent à leur vue; l'exercice de la liberté de la presse enfin est la boussole des nautonniers.

D'après ces considérations, Messieurs, doit-on paralyser la liberté de la presse, l'objet des vœux d'un grand peuple? Ne doit-on pas craindre d'irriter ses desirs par l'infatigable opiniâtreté que l'on apporte à l'en priver? Quels seront les effets de cette privation, les résultats de la compression de l'opinion publique? Quelle digue opposera-t-on aux efforts de la volonté générale? Ce n'est point au dix-neuvième siècle que l'on essaierait avec succès d'enlever à une grande et magnanime nation ses droits et ses libertés.

Ma patrie sait souffrir; mais elle n'ignore pas, elle est trop éclairée pour ignorer que, sous un gouvernement représentatif dont le chef ne prétend qu'à l'usage d'une autorité protectrice et paternelle, on peut aussi soustraire les écrivains et les journalistes aux coups portés par le glaive de l'arbitraire de la législation incertaine et mobile des visirs français, qui, formant un corps moral dans le système représentatif, ont une part active dans le gouvernement, pour les placer sous l'égide tutélaire d'une loi sage, qui permette *l'extension du bien* et prévienne *la propagation du mal.*

En réfléchissant, Messieurs, sur le but que se proposent les législateurs en donnant des lois aux nations, il est facile de se convaincre que les hommes chargés d'exécuter les lois doivent en saisir l'esprit, en faire l'application. Toutes les fois que l'exécuteur de la loi s'écarte de cet esprit, la loi perd son caractère sacré ; elle couvre alors le prétexte d'une décision arbitraire.

Examinons donc quels doivent être l'esprit d'une loi sur la liberté de la presse, son but, son objet. Elle arrête et prévient les excès, la licence, l'abus de la liberté accordée par cette loi, ou par la loi fondamentale qu'elle interprète, commente ou *restreint.*

Les lois rendues jusqu'à ce jour ne sont point des lois de *restriction*, mais de véritables lois *d'exception*. Elles ont *excepté* de la Charte la loi fondamentale qui confère le droit de publier librement les opinions et la pensée.

Toute loi d'*exception* est en opposition avec les principes; son esprit s'écarte de l'objet des institutions politiques. Cet objet est le bonheur, la sécurité, la prospérité, le maintien des lois ou des institutions consacrées par les constitutions.

En thèse générale, lorsque des circonstances extraordinaires, quelles que soient les causes qui les ont fait naître, engagent les gouvernemens à enlever aux citoyens un droit dont l'exercice peut produire *le mal et le bien*, toute loi d'*exception* est anti-sociale; une loi de *restriction* est nécessaire.

La loi d'*exception* prive les citoyens du pouvoir de faire le mal et *de faire le bien*. Elle remplace la loi fondamentale qu'elle *excepte* de la constitution.

La loi de *restriction* enlève aux citoyens le pouvoir *de faire le mal*, en leur réservant la faculté, la jouissance du droit naturel et DIVIN *de faire le bien*.

De ces observations, je tirerai cette judicieuse conséquence, qu'eu égard à la situation extraordinaire où se trouve la France (quelles qu'en soient les causes), une loi de *restriction* reste à faire; qu'elle doit remplacer la loi intolérable, anti-sociale du 26 février 1817. Cette loi restant en vigueur, son existence renouvellera les abus de l'autorité sans présenter toute sécurité aux écrivains.

Considérons maintenant quelle a été l'intention des législateurs en créant la dernière loi rendue *à la hâte* sur les journaux.

Enlever aux journalistes tous moyens de répandre des doctrines dangereuses, toujours saisies avec avidité, dans des temps de trouble, de malheur et de misère; leur ôter toute possibilité de porter atteinte aux mœurs, au repos public, de publier des maximes anti-monarchiques, anti-constitutionnelles, anti-nationales, anti-religieuses, telles ont été, je ne puis en douter, les intentions des législateurs, en votant la dernière loi sur les journaux. Tel doit être l'esprit de cette loi.

La loi est ainsi conçue : « Les journaux et » autres ouvrages périodiques qui traitent de » matières et nouvelles politiques, ne pourront,

» jusqu'à la fin de la session de 1818, pa-
» raître qu'avec l'autorisation du Roi. »

Je poserai en principe qu'un journal est une propriété dont les possesseurs ne peuvent être dépouillés qu'autant qu'ils tomberaient dans un cas de pénalité ou de criminalité prévu par les lois, qui entraînerait la confiscation légale. Cette confiscation ne pourrait être prononcée par une décision de l'arbitraire, mais par les tribunaux compétens.

Sous l'empire de la dernière loi sur les journaux, un individu n'acquérait une propriété de la nature de celle des feuilles publiques qu'avec l'*autorisation du Roi*. Ainsi, aucun nouveau journal ne peut être créé et publié sans autorisation, la propriété devant être acquise par la concession du droit de publier et d'acquérir propriété par la publication.

Le même raisonnement n'est point applicable aux feuilles existantes, qui, publiées depuis plusieurs années, sont devenues une propriété des éditeurs, acquise par la publication.

La loi exprimerait-elle qu'aucune feuille publique ne sera distribuée *chaque jour* qu'avec l'autorisation des dépositaires de l'autorité royale? Le pouvoir royal prétendrait-il autoriser ce qui n'est plus autorisable, c'est-à-dire, la publication qui dérive d'un droit de propriété, lorsque la jouissance de tout droit de propriété quelconque est protégée par une loi fondamentale qui est elle-même au-dessus du pouvoir royal ?

Autoriser, c'est *permettre.* Du pouvoir d'*autoriser* une publication dérive la faculté de *défendre et d'empêcher* cette publication selon la volonté de l'autorité. L'autorité, subordonnée elle-même à la puissance de la constitution, n'est pas compétente pour autoriser, permettre ou défendre la jouissance d'un droit de propriété depuis long-temps *acquis,* qui réside dans la faculté de publier périodiquement.

La loi, Messieurs, présente évidemment un sens contraire aux principes que je viens de développer. En appliquant l'esprit de la loi tel qu'il est présenté par le texte, les dépositaires du pouvoir peuvent arrêter, selon leur volonté, sans autres formes, la publication d'un journal, et dépouiller, comme on l'a vu naguère, sans jugement légal, des éditeurs de la jouissance du droit inviolable et sacré de propriété mobiliaire et industrielle.

Non, Messieurs, non, telles n'ont pas été vos intentions. Les intentions des législateurs ne sont pas cependant reproduites dans la loi ni exprimées par le texte, qui présente un tout autre sens.

L'intention des législateurs se trouverait fidèlement retracée dans le texte de cette nouvelle rédaction : « Les journaux et autres » ouvrages périodiques qui, *publiés à l'ave-* » *nir*, *traiteront* de matières et de nouvelles » politiques, ne paraîtront, jusqu'à la fin » de la session de 1818, qu'avec l'autorisation » du Roi.

» Les journaux et autres ouvrages pério- » diques qui *traitent* de matières et nouvelles » politiques ne pourront paraître, à dater de » la promulgation de la présente loi, jusqu'à » la fin de la session de 1818, *qu'après* » *avoir été soumis à la censure de l'autorité* » *du Roi.* »

En lisant cette loi, on en inférerait que les journaux doivent être soumis, *chaque jour*, avant leur publication et leur distribution, à la censure préalable des agens dé- légués par l'autorité royale, afin d'atteindre le but *que se sont proposé les législateurs en créant la loi*, c'est-à-dire, pour prévenir les dangers présentés par la jouissance d'une pleine et entière liberté, dangers qui consisteraient dans la publication des doctrines dangereuses, des opinions attentatoires à la tranquillité publique, etc., etc.

Vous avouerez, Messieurs, que le texte de la loi ainsi rédigée exprime clairement, d'une manière précise, fixe et déterminée, l'intention du législateur, qui doit se manifester évidemment dans toutes les lois, pour éviter les graves inconvéniens de l'ambiguité qui conduit aux fausses interprétations. Pensez-vous que cette loi ne serait pas alors en parfait rapport avec l'objet des institutions politiques et le but proposé?

Oui, Messieurs, les législateurs ont desiré, ont voulu ne pas faire une *exception* à un article de la Charte, l'éliminer même temporairement de ce code politique que le monarque et la nation révèrent comme une divinité tutélaire; mais obvier, en considération des circonstances, aux dangers que présente l'exercice de la liberté de la presse tel qu'il est autorisé par la loi fondamentale.

J'affirme, Messieurs, que la loi dernièrement rendue est une loi *d'exception* bien conditionnée, qui détruit entièrement la loi fondamentale, prive les citoyens d'un droit inviolable que les deux pouvoirs ne peuvent leur enlever dans aucun temps, mais *restreindre*.

Cette loi est une loi *d'exception*, parce qu'elle prive les journalistes de la jouissance du droit de publier leur pensée, leurs opinions, les pensées, les opinions de leurs concitoyens, en les mettant immédiatement sous la curatelle de l'autorité exclusive des agens du pouvoir, *dont les droits ne sont pas réglés, limités*, et non pas sous la protection d'une loi.

Une loi de *restriction* ne priverait pas les journalistes de publier librement leurs opinions, leur pensée, les opinions et la pensée de leurs concitoyens; mais elle restreindrait cette liberté, ce droit, en tant que l'exercice devenant abusif serait retenu dans ses limites naturelles, selon l'esprit de la loi fondamentale, qui permet de publier librement les opinions et la pensée, *sauf la répression des abus*, qui consistent dans la propagation du mal, des doctrines dangereuses, etc., etc.

Les lois étant promulguées dans l'intérêt social, l'abus de l'esprit des lois tourne contre la société.

L'esprit des lois civiles et politiques ne peut être contradictoire à l'esprit des lois fondamentales. Tout citoyen, en vertu du droit de propriété, vend, loue, rase sa maison; mais s'il lui plaît de la brûler, il porte dommage à ses voisins, à une partie de la société; il abuse de son droit; il est répréhensible et condamnable.

Il en est de même du droit fondamental de la presse. Tout journaliste doit exercer ce droit de propriété, qui lui est commun avec tous les citoyens; mais s'il abuse de ce droit en dommageant son semblable, une partie de la société, ou la société toute entière, il est répréhensible. Mais s'il est sage de punir le mal, il est encore plus sage de le prévenir, surtout lorsque la société se trouve dans un état tel que des étincelles en contact avec des matières combustibles peuvent produire subitement un incendie et embraser la sécurité publique.

Or, l'intérêt social exige donc la création d'une loi qui présente les moyens de réprimer,

de prévenir les abus, sans paralyser, *excep-*
ter la loi fondamentale.

La censure autorisée par la dernière loi est
illimitée. Toute censure doit être surveillante
et légalement limitée. Du défaut de limitation
il résulte qu'elle peut tellement restreindre la
liberté au gré du pouvoir, qu'elle la détruit.
Sur les ruines d'une liberté *de droit*, dont est
dépouillé le prétendant-droit ; s'élève contre
le droit une liberté *de fait* exercée par les
agens du pouvoir. Alors le règne de l'arbitraire
remplace le règne de la loi fondamentale, que
le législateur a voulu restreindre uniquement,
en descendant graduellement au degré qui se
trouve immédiatement placé au-dessous du
point où la jouissance dégénère en abus.

Sous la direction de l'arbitraire, la censure
exerce sur une feuille publique un pouvoir
absolu contre les écarts duquel le journaliste ne peut invoquer l'appui d'une loi qui,
créée pour arrêter ses propres écarts, en
lui conservant une sage liberté, donne *au*
contraire toute extension aux écarts de l'ins-
titution établie pour arrêter et prévenir les
siens.

Je conclus, Messieurs, que notre vicieuse

2

législation sur la presse, en guérissant un mal, en produit un non moins grand, parce qu'elle autorise les abus du pouvoir et détruit les droits de la nation, les libertés des citoyens. C'est avec raison que plusieurs d'entre vous ont dit : *Point de liberté réelle de la presse sans la liberté légale, constitutionnelle des journaux.*

Le rejet de la loi relative à la liberté de la presse a appelé sérieusement mon attention sur cette importante législation, à laquelle un grand nombre d'orateurs des deux chambres, même les défenseurs du projet de loi, ont reproché ses lacunes, ses vices et son insuffisance.

Je ne regarde point comme impossible à faire une bonne loi sur la liberté de la presse. Pour l'obtenir, il suffirait que les dépositaires du pouvoir s'en occupassent franchement, au lieu de se borner à régénérer des lois vicieuses qui servent, à la vérité, quelques intérêts personnels, mais qui détruisent la loi fondamentale dont nous ne pouvons recevoir les bienfaits.

Effrayé des dangers imminens qui menacent la sécurité nationale et le Gouvernement; connaissant l'exaltation de l'esprit public, aigri de plus en plus par la permanence des lois d'exception, je me bornerai, dans l'intérêt de ma bonne patrie, à vous présenter des vues d'amélioration, à vous proposer, non pas un projet de loi, mais un *travail préparatoire* qui renferme les élémens d'une *loi de restriction* temporaire et susceptible de prolongation.

Ces vues, que je crois sages et tutélaires, ne tendent qu'à conserver aux journalistes et aux écrivains l'exercice du droit constitutionnel, vainement réclamé depuis si long-temps, et refusé contre le vœu de la nation.

Ce *travail préparatoire* est divisé en deux sections : l'une concerne les feuilles publiques, l'autre les écrits.

PREMIÈRE SECTION.

Journaux, Écrits périodiques.

Il sera créé un *conseil supérieur de la presse* (ou conseil de censure), composé d'un président, d'un vice-président, de quatre membres et de deux suppléans.

Seront attachés au conseil (et sous ses or-
dres) deux ou quatre censeurs ordinaires.

Les traitemens des membres du conseil sont
fixés comme il suit , savoir : 6,000 francs au
président, 5,000 fr. au vice-président, 4,000 fr.
aux membres , 3,500 fr. aux suppléans ,
2,500 fr. aux censeurs.

Ces traitemens seront pris sur les fonds
destinés aux dépenses des deux chambres :
deux tiers sur la caisse de la chambre des
pairs , un tiers sur la caisse de la chambre des
députés.

Les membres du conseil de censure seront
nommés par le Roi , et choisis sur une liste
double , présentée par les deux chambres.

Les frais de bureau et le local seront fournis
par le Gouvernement.

Les deux chambres nommeront dans leur
sein une commission de *sept* membres (nombre égal à celui des jours de la semaine), qui
prendront la dénomination de *Commission
de surveillance de la chambre des......* près le
conseil supérieur de la presse.

Les membres du conseil seront *inamovibles*
pendant la durée de leurs fonctions (réglées par
la loi) , et ne pourront , dans tous les cas et

pour causes graves , être révoqués qu'après une délibération des deux commissions de surveillance, qui se réuniront pour prononcer sur la révocation.

Le conseil s'assemblera chaque soir à une heure fixe régulièrement (et de rigueur).

Les rédacteurs des feuilles périodiques enverront *chaque soir* au conseil deux épreuves des feuilles qu'ils ont l'intention de publier, de distribuer le lendemain.

Le conseil assemblé examinera les épreuves, rayera les articles, passages, phrases ou lignes qu'il jugera susceptibles de non publication et comme abusifs de la liberté de la presse. Il renverra les feuilles à chaque imprimeur ou au bureau de rédaction avec son visa paraphé par le président (ou le vice-président), et conservera la double épreuve.

L'un des sept membres de chaque commission de surveillance assistera au conseil une fois par semaine (et alternativement).

Le pair et le député délégués par la commission donneront leur approbation écrite (ou verbale), et signeront la contre-épreuve. Ils auront voix délibérative dans le conseil.

Toute insertion réclamée par l'autorité sera

demandée aux rédacteurs par le conseil de la presse. Les journalistes consacreront à cette insertion un article intitulé *Bulletin ministériel* ou *Bulletin officiel*, sous la rubrique duquel toutes les matières communiquées seront imprimées.

Il sera formé une liste composée d'un certain nombre d'éligibles (ou d'électeurs) de la ville de Paris, choisis dans la classe des gens de lettres, avocats, négocians, etc., considérés comme assesseurs du conseil.

La nomination des assesseurs sera notifiée à chacun d'eux, qui sera tenu d'envoyer au conseil son acceptation par écrit. Cette acceptation obligera chaque assesseur à assister à la séance sous peine d'amende (stipulée dans le règlement du conseil).

La liste des assesseurs sera divisée en séries. Quatre d'entre eux siégeront pendant une semaine ; ils seront avertis une semaine d'avance.

Les journalistes jouiront de leur droit de propriété et de l'exercice pleine et entière de la liberté de la presse, sauf la *censure préalable.*

Le conseil se bornera à censurer ; il ne

pourra rien ajouter, exiger des journalistes, rien autre chose que la suppression des articles, phrases, paragraphes ou lignes qu'il aura censurés.

Les journaux seront libres, indépendans de la police et de l'autorité. Ils ne dépendront uniquement que du conseil supérieur de la presse, en ce cas seulement qu'ils seront assujettis à la présentation de leurs épreuves et à la censure préalable.

Le préambule de la loi (ou le règlement du conseil imprimé, publié, distribué) exprimera la règle du conseil en indiquant *ce qui est permis, ce qui est défendu* légalement, afin qu'il ne reste pas continuellement indécis, irrésolu ; qu'il suive une marche assurée et régulière ; qu'il ne professe que des principes invariables, reconnus par l'opinion, sanctionnés par la sagesse, la raison, l'équité, et conformes à l'esprit des lois fondamentales de l'Etat.

Les règlemens du conseil seront soumis à la délibération des deux commissions réunies. Ils serviront de règles au conseil pour censurer, juger, et de guides aux journalistes, aux écrivains pour écrire.

Les deux commissions se réuniront chacune une fois par semaine (à des jours différens). Les journalistes jouiront du droit de réclamer près de la commission le plus prochainement réunie, la *révision* d'un article, d'une matière qu'ils jugeront avoir été censurés injustement.

Les taxes levées sur les journaux ou sur la librairie, entreront dans la caisse du conseil. Si les sommes sont suffisantes, elles seront destinées à couvrir les frais de bureaux, d'entretien, et même les traitemens.

Si elles sont insuffisantes, elles couvriront une partie des frais ; les traitemens seront payés comme il a été expliqué plus haut.

DEUXIÈME SECTION.

Ecrits non périodiques.

Le dépôt des cinq exemplaires voulu par la loi sera fait au bureau du conseil (le bureau actuel du dépôt sera transféré dans le local du conseil).

Le récépissé sera délivré au bureau du dépôt, par ordre du conseil, dans le délai de quarante-huit heures quand l'écrit imprimé comprendra moins de vingt feuilles d'impression , de soixante-douze heures quand le nombre de feuilles excédera celui de vingt.

Le récépissé entre les mains du libraire, de l'imprimeur ou de l'auteur, équivaudra à une permission de publier librement. Cette autorisation n'aura aucun effet rétroactif (puisque la remise sera le résultat de l'examen et de la censure de l'écrit imprimé , dont la publication devrait être arrêtée si l'ouvrage portait le caractère de réprobation).

Les auteurs auront la faculté de déposer successivement les épreuves de leurs ouvrages au bureau du conseil. Alors les imprimeurs, dans leur déclaration , préviendront que l'auteur réclame la *censure préalable* de ses bonnes épreuves pendant l'impression (1).

Les censeurs ordinaires près le conseil seront spécialement chargés de la censure des

----

(1) Cette mesure est sage ; elle évite les piéges tendus aux auteurs par nos fameuses lois d'exception , dans lesquels les auteurs pourraient se trouver pris innocemment. Elle est conservatrice de la propriété mobiliaire, puisque les debours faits pour payer les frais d'impression sont perdus par l'effet de la saisie.

épreuves, et consulteront le conseil sur les notes qu'ils auront faites.

La censure préalable ne préjudiciera nullement l'exécution des formalités, ni le dépôt des cinq exemplaires, ni la censure du conseil, qui révisera l'écrit entièrement imprimé, conformément à la règle, pour s'assurer qu'il n'y a point été introduit quelques nouvelles matières.

L'auteur d'un ouvrage saisi par ordre du conseil pourra présenter pétition aux deux commissions de surveillance, avec prière de réviser le jugement du conseil, c'est-à-dire l'ordre de saisie.

Si les commissions maintiennent la saisie, leur délibération sera transmise de suite au président du conseil, qui déférera l'ouvrage au ministère public.

La chambre du conseil du tribunal s'assemblera et prononcera en dernier ressort, s'il y a lieu à maintenir la saisie, et à la mise en accusation.

L'action publique cessera dans le cas où l'auteur consentirait à la suppression, à la destruction des exemplaires saisis.

Dans le cas où l'ouvrage provoquerait directement à des crimes, l'article ci-dessus sera non avenu.

Le journal de la librairie sera sous la direction immédiate du conseil de la presse. Tous les écrits non saisis y seront annoncés.

Vous remarquerez sans doute, Messieurs, que *ce travail préparatoire* réunit les conditions qui doivent concourir à former, non pas une législation complète, mais une législation tolérable sur la presse, eu égard aux circonstances, puisque ce sont les circonstances qui, jusqu'alors, nous ont privés de l'exercice d'un droit constitutionnel.

Cette législation offre des avantages incontestables ; elle rétablit le règne de la Charte sur la presse ; elle procure tous les *bienfaits* de cette liberté, en évitant tous les *inconvéniens* qui pourraient en résulter.

Elle place les écrivains et les journalistes sous une jurisdiction légale, permanente, constante dans ses actions, indépendante de l'influence des agens du pouvoir, comme la loi fondamentale.

Si elle évite les dangers de la licence, elle obvie aux effets d'un arbitraire non moins

dangereux pour la sûreté et la liberté publiques, ainsi que nous l'atteste une triste et
douloureuse expérience.

Une pareille législation ne plairait peut-
être pas à certains individus ; mais les législateurs doivent faire les lois dans l'intérêt social, pour le bonheur des nations, et non
pas sauf le bon plaisir des agens du pouvoir.
Les agens passent comme des ombres ; les
trônes et les nations restent lorsque les Etats
sont régis sous l'empire des bonnes lois.

Le conseil de la presse ainsi constitué, par
ses attributions, remplit les lacunes entre la
loi fondamentale et les lois de procédure.

Je crée deux commissions de surveillance,
parce que messieurs les Députés sont les défenseurs naturels de la liberté publique et des
droits de la nation.

Messieurs les Pairs sont les défenseurs
naturels des droits du trône, conservateurs des
lois, protecteurs des droits et des libertés.

La liberté de la presse étant une de nos plus
précieuses libertés, servant de garantie à nos
droits, je mets par conséquent son exercice
sous la surveillance d'une commission des
deux grands corps de l'Etat.

Je n'exige point des nobles et honorables commissaires une assiduité gênante, puisque chacun d'eux ne paraît au conseil que pendant quelques heures, dans un seul jour de la semaine. Chaque commission ne s'assemble qu'une fois par semaine.

La composition du conseil, *son independance*, *l'inamovibilité* de ses membres, la source d'où proviennent leurs traitemens, la surveillance de messieurs les Pairs et les Députés, lui donnent un caractère de protection et de paternité que l'on ne peut lui contester.

Le conseil est un jury *préalable* et permanent, qu'il me soit permis de m'exprimer ainsi; il est en quelque sorte préférable au jury que l'on voulait établir : celui-ci jugerait les délits, le mien tend à éviter la punition, à prévenir le délit. L'exécution de la loi constitutionnelle n'est que faiblement restreinte par cette loi de restriction.

Il est évident que si le Gouvernement acquérait la certitude que les journalistes et les écrivains n'abuseront jamais de l'exercice de la presse, les lois de restriction seraient inutiles.

Cette législation laisse aux écrivains et aux journalistes l'entière liberté de parcourir la

surface du cercle, et les relient à la circonfé-
rence au moment où la force centrifuge
de leur imagination les entraîne sur la ligne
tangentielle. Elle leur permet de s'élancer dans
les hautes régions de la pensée, en modérant
leur zèle à une certaine distance *du soleil;*
elle les arrêtent à la frontière lorsqu'ils voya-
gent dans les vastes états des connaissances
humaines, et leur refuse le laissez-passer, de
peur qu'ils ne fassent des excursions dangereuses *sur le pays étranger.*

Cette législation enfin peut régir la presse
et présenter de grands avantages, en attendant
qu'une loi complète soit en vigueur. Je pense
que cette législation *expectative* n'est point
la pierre philosophale.

Le ministère a prétendu dernièrement que
son projet de loi améliorait la situation de la
presse. Qu'il me soit aussi permis de préten-
dre, Messieurs, que mon travail préparatoire,
que j'ai le plaisir de vous distribuer *gratis*, et
pour la confection duquel je ne suis pas payé
à raison de 150,000 fr. environ par an, offre
des améliorations moins apocryphes. Le travail des ministres ouvrait un libre champ à
l'arbitraire; le mien présente le contraire.

J'ouvre la cage fermée par des oiseleurs trop exigeans, trop *intéressés;* je rends *la liberté* aux pauvres petits animaux raisonnables *qui portent plumes.* Faisant, à cause des *circonstances*, dans un temps d'exceptions, *exception* à la règle, je leur coupe le bout des ailes afin que l'on puisse les rejoindre s'ils font des dégâts dans la contrée d'alentour. Voilà, Messieurs, un grand pas de fait vers la morale, le bien et la justice.

La France a goûté du despotisme ; elle en est rassasiée. Les Français aujourd'hui ne sont plus disposés, comme ils l'étaient naguère, à mordre aux hameçons ministériels ; la France, honteuse et confuse, a juré, mais un peu tard, qu'on ne l'y prendrait plus.

J'ai donc l'honneur de vous proposer, Messieurs, de nommer dans votre sein une commission spéciale chargée de rédiger un projet de loi basé sur mon travail préparatoire, et de supplier humblement S. M. de proposer cette loi.

Je me plais à croire, Messieurs que, rendant hommage à la pureté de mes intentions, ainsi qu'aux sentimens qui m'ont animé en vousprésentant la présente pétition dans l'in-

térêt de mon pays et dans l'intérêt du Gouver‑
nement, vous ne passerez point à l'ordre du
jour ; que vous ne la renverrez point à un
ministère incompétent sur cet objet, et que
vous daignerez la prendre en considération.

J'ai l'honneur d'être, Messieurs les Pairs,
Messieurs les Députés, votre très-humble,
très-respectueux serviteur

ALEXANDRE CREVEL.

NOTE.

On m'observera peut-être que ce mode de répression
ne s'étend point aux écrits et aux feuilles publiques des
départemens. Je répondrai qu'il s'imprime peu d'ou‑
vrages en province ; que les feuilles départementales
sont les échos des feuilles parisiennes ; qu'elles ne cir‑
culent que dans les départemens et les arrondissemens
limitrophes ; que toutes les matières renfermées dans
ces feuilles pourraient être soumises à la censure d'un
comité de trois personnes dans la ville où elles s'im‑
priment, sous la surveillance d'une commission prise
dans le conseil municipal, nommée par le Préfet, sur la
présentation du Maire. J'ajouterai que les gazettes pa‑
risiennes circulant dans tous les départemens et à
l'étranger, sont celles qui méritent de fixer le plus sé‑
rieusement l'attention du Gouvernement.

Lorsqu'un ouvrage serait saisi dans un département
(en y laissant subsister la censure actuelle), l'auteur
pourrait s'adresser directement au conseil supérieur de
la presse, lui demander la révision. L'action publique
des tribunaux ne commencerait qu'après la décision
du conseil, transmise au Procureur royal de l'arron‑
dissement.

9 782012 986053